Couvertures supérieure et inférieure
manquantes.

LES

RÉUNIONS PUBLIQUES

A PARIS

ET LES ÉLECTIONS PROCHAINES

PARIS. — TYPOGRAPHIE DE CH. MEYRUEIS

13, RUE CUJAS. — 1869.

LES
RÉUNIONS PUBLIQUES

A PARIS

ET LES ÉLECTIONS PROCHAINES

PAR

EDMOND DE PRESSENSÉ

PARIS

LIBRAIRIE MEYRUEIS | LIBRAIRIE LE CHEVALIER
43-45, RUE DES SAINTS-PÈRES | RUE RICHELIEU, 61

1869

LES
RÉUNIONS PUBLIQUES

A PARIS

ET LES ÉLECTIONS PROCHAINES

I

Il n'y a plus actuellement en France une seule question touchant à la chose publique qui puisse être envisagée simplement et en elle-même. Rien n'est plus légitime à la veille de ces élections dont on ne saurait exagérer l'importance; car, pour tout homme qui réfléchit, leur résultat aura une action considérable sur l'avenir du pays, dans cette phase critique de son histoire où l'on se demande s'il va se relever par la liberté ou bien

descendre la pente d'une irrémédiable déca-
dence. Aussi l'effort pour l'arracher à l'ornière
où il s'embourbe doit-il être aussi vaste qu'énergique, surtout si l'on désire éviter les crises violentes qui ramènent au despotisme par la lassi-
tude et l'épouvante. Notre devoir impérieux est
de tout faire pour fortifier aux prochaines élections la revendication légale de la liberté, afin
qu'elle sorte de l'urne, puissante, passionnée, irré-
sistible. Nous avons d'autant plus l'espoir qu'elle
sera entendue, que le chef de l'État s'est montré
plus d'une fois, pendant ces dernières années, disposé à entrer dans cette voie, et qu'il a été bien
plus libéral que ses conseillers et les apologistes
de sa politique. Sachons sacrifier les questions
secondaires au but premier, car il s'agit avant
toute chose de reconstruire l'instrument libéral.
Nous n'avons pas à abandonner une seule de nos
opinions, mais nous devons tous choisir le meil-
leur moyen d'assurer le succès de la part de vérité qu'elles renferment, en remettant au pays
d'une façon sérieuse la direction de ses propres
affaires. C'est dans cette voie qu'entrent de plus
en plus les hommes sensés qui poursuivent loya-
lement un but avoué, et ne veulent pas autre

chose que ce qu'ils ont le droit de réclamer. Je veux aussi apporter mon concours à ce grand et généreux mouvement, et cela au nom de mes plus chères convictions ; car, sans attribuer à la liberté une puissance exagérée pour réformer à elle seule un peuple, je suis convaincu que tout ce qui la restreint non-seulement abaisse le pays au point de vue politique, mais encore le pervertit au point de vue moral, l'incline à ce qui est bas, le précipite dans un matérialisme pratique qui l'énerve après l'avoir enivré, et épuise sa sève. Je ne saurais me résigner à cette lente déperdition des forces les plus précieuses, dont le déficit se ferait tristement sentir dans les jours décisifs.

En outre, des faits récents ont révélé, dans une fraction de nos classes ouvrières, un état d'esprit qui est plein de péril pour l'avenir. Je veux parler des réunions publiques qui se sont multipliées à Paris depuis la promulgation de la loi du 6 juin 1868. J'ai pu apprécier par moi-même leur vrai caractère. Bien loin d'en conclure, avec les amis imprudents du pouvoir, qu'il faut fortifier la politique de réaction, j'y trouve un sérieux motif de la défendre. On voit à quel point les conséquences que je tire de ces réunions diffèrent de celles d'une brochure récente, répandue à plus de cent mille exemplaires et commentée par nos journaux officieux (1). Cette œuvre anonyme n'a pas d'autre but que de faire décerner de nouveau au gouvernement un brevet de sauveur de la part de la bourgeoisie indignée et des campagnes effrayées. Elle met en pleine lumière l'un des rouages principaux de la grande machine électorale, qui doit lui valoir une majorité plus docile que celle qui a voté... tout ce que l'on sait. Eh bien ! nous sommes tentés de remercier l'auteur de cette brochure; car, bien comprise, elle est accablante pour la cause qu'elle croit défendre, et rien ne démontre mieux ce qu'on gagne à renoncer aux contrôles efficaces et à l'activité virile de la vie publique.

II

Disons d'abord un mot de la brochure ellemême. Elle est très-mal faite ; vraiment on pourrait être mieux servi. C'est un réquisitoire com-

(1) *Les Réunions publiques à Paris.* 1868-1869. — Paris, Dentu, 1869.

posé de citations tronquées et souvent infidèles.
On a déjà fait entendre des réclamations motivées.
Je pourrais y joindre la mienne ; le sens d'un
discours que j'ai prononcé est complétement
altéré, non pas dans une simple phrase, mais
dans sa portée générale ; il me serait facile de
l'établir péremptoirement, si cette question per-
sonnelle offrait le moindre intérêt. Je remarque
en outre que l'on n'a pris dans les harangues dont
on voulait faire un épouvantail, que les parties
violentes, en passant sous silence ce qui, plus
d'une fois, les tempérait. J'en pourrais également
fournir des preuves pour plusieurs des discours
que j'ai entendus. Le courageux anonyme a bien
soin de ne pas mentionner les faits qui sont en
faveur des réunions publiques. Il ne rend pas la
physionomie de l'assemblée dans ses bons mo-
ments ; il ne dit pas que tel débat dont il exploite
largement les incidents fâcheux, s'est terminé
par un vote de haute raison comme le débat sur
le divorce au *Pré aux Clercs*. Il ne cherche qu'une
chose, c'est de coudre tant bien que mal les uns
aux autres les chiffons rouges qu'il veut agiter
devant les yeux du pays pour produire un effroi
salutaire. Aussi son spectre est-il un arlequin

de bas étage, auquel ne manque pas le masque
enfariné. Nous retrouvons le côté comique du per-
sonnage dans la platitude des réflexions qui sont
du cru de l'auteur. Mais cette brochure ne pèche
pas seulement par la platitude; elle manque de
la générosité la plus élémentaire. Elle paraît au
moment où plusieurs des orateurs qu'elle cite
incomplétement et inexactement sont sous le coup
de poursuites fort graves. C'est alors qu'elle double l'instruction officielle d'une instruction offi-
cieuse, qui pousse tout au noir, qui donne tout
ce qui peut être à la charge des accusés, en
supprimant tout ce qui peut atténuer leurs paroles. Un tel procédé sera jugé par le pays. On se
demande comment l'auteur anonyme a le front
d'appeler ainsi la vindicte publique sur des
opinions énoncées dans des réunions où il n'a
pas figuré pour les combattre. Mais non, lui
et ses pareils se sont tenus dans l'ombre pour
tout épier et tout redire; quand l'adversaire est
lié et bâillonné, alors paraît notre héros, la visière
soigneusement baissée, pour faire blanc de son
épée et appeler le corps électoral à la rescousse.
La belle tactique en vérité !

III

Ramenons les choses à leur juste mesure. Il faut distinguer dans les réunions publiques entre les orateurs et l'auditoire. Qu'on parcoure la fameuse brochure, on verra que ce sont toujours les mêmes noms qui reviennent et pratiquent d'un bout de Paris à l'autre le libre échange des extravagances. Le personnel oratoire était partout le même, qu'on ne l'oublie pas. J'affirme que toutes les fois qu'une discussion contradictoire s'est suffisamment prolongée, il y a eu partage dans l'assemblée. La brochure a bien soin de passer sous silence le merveilleux succès de M. Cernuschi, dans un débat économique où il a combattu avec une verve incisive et spirituelle les idées favorites du socialisme proudhonien. Je suis convaincu que si la liberté de la discussion avait été définitivement maintenue, la raison aurait eu le dessus et que les sottes exagérations auraient été bientôt usées à la corde; déjà on en voyait pendre les ficelles; les moyens grossiers de popularité une fois découverts perdent leur efficace. L'illusion sur leur valeur ne saurait durer quand tous les soirs les mêmes déclamations retentissent d'estrade en estrade. En tout cas, tout vaut mieux que l'action silencieuse, l'infiltration secrète des idées malsaines ; le plein jour finit par être fatal aux chimères, qui sont par nature des oiseaux de nuit. En Amérique on laisse prêcher et essayer toutes les Icaries, aussi se relèguent-elles bientôt d'elles-mêmes en dehors de la vie nationale. Le communisme serait sifflé à New-York comme à Londres, parce que l'air et la lumière ne lui sont pas refusés.

N'exagérons pas néanmoins dans le sens de l'optimisme. Il est certain que les réunions publiques ont offert souvent de tristes spectacles, que des applaudissements frénétiques ont acclamé des thèses insensées d'irréligion et de socialisme effréné. On en peut conclure que, à ce double point de vue, une fraction plus ou moins considérable de nos classes ouvrières, à Paris, est sous l'empire de tendances que nous déplorons. Je chercherai tout à l'heure à qui incombe la responsabilité d'un tel état de choses, et j'espère le faire avec équité. Mais auparavant je dois déclarer que jamais, en assistant à ces scènes tristement

tumultueuses, je n'ai éprouvé ni colère ni in-
dignation, mais au contraire une profonde
douloureuse sympathie qui ne saurait blesser
personne. Oui, quand j'ai vu, surtout dans les
quartiers populaires, ces immenses assemblées,
composées en grande partie d'ouvriers en cos-
tume de travail, où la mère venait avec son en-
fant prendre place auprès de son mari, oui, j'é-
tais remué jusqu'au fond des entrailles et saisi
d'un grand amour pour ces multitudes entraînées
à tout vent, et vibrant trop souvent aux paroles
les plus violentes dirigées contre Dieu et les
bases sociales. Je m'élevais bien haut au-des-
sus des considérations du moment et des di-
visions des partis. Je me demandais : Ce peuple si intelligent, si courageux, si généreux,
avons-nous fait tout ce que nous pouvions pour
l'éclairer, pour lui apporter l'appui fraternel
dont il a besoin? N'aurions-nous pas négligé ce
grand et saint devoir qui doit passer désormais
avant tous les autres? Il faut à tout prix abaisser
toutes les barrières de convention. On se scan-
dalise de le trouver parfois ouvertement athée,
mais est-il étonnant qu'il traduise à sa ma-
nière et avec sa rude franchise les élégants eu-

phémismes qui recouvrent de métaphores onc-
tueuses la même notion dans une portion des
classes cultivées? Et puis, quelle est la religion
qu'on lui a présentée? Ce qu'il a vu, ce qui l'a
frappé, c'est trop souvent une religion officielle,
qui bénissait les triomphes de la force sur le droit,
qui réclamait pour elle-même l'emploi du glaive.
Par le temps qui court, la moindre manifestation
d'absolutisme religieux fait plus d'effet que tous les
prônes et tous les prêches. Ah! s'il avait entendu
plus fréquemment les voix qui savent protester
au nom de Dieu contre les violations réussies de
l'ordre moral, qui savent dire au lendemain de
leur triomphe, au citoyen courbé sous le sabre :
Esto vir! l'athéisme n'aurait pas pour lui le flot
montant. Voilà les amères et poignantes pensées
qui m'ont saisi devant ces manifestations populaires, avec un ardent désir de faire connaître
à ces foules abusées le Christ véritable qu'elles
n'ont jamais connu et qui seul leur donnerait
la vraie liberté, à commencer par celle de l'âme.
Elles ne savent ce qu'elles font quand elles l'in-
sultent. Il ne m'était pas possible de taire ces
sentiments avant d'aborder le côté politique du
débat,

IV

Je mets d'abord en bonne partie sur le compte de la loi des réunions, les excès dont on fait un si grand étalage. En effet cette loi est ainsi conçue, qu'elle nous trace un petit sentier bordé des deux côtés de haies infranchissables.

— Tu discuteras les questions sociales, dit-elle au peuple le plus impétueux qui fut jamais, mais tu ne feras ni politique, ni religion. — C'est comme si l'on mettait un cheval ardent qui a été longtemps renfermé, en face de barrières nombreuses qui l'arrêtent à chaque pas sans être très-élevées, il ne manquera pas de les franchir du premier bond; dans une telle situation il n'y a pas de milieu, ou on ne prendra pas d'élan, ou on sautera par-dessus l'obstacle. Ce n'est pas tout : cette loi empêche toute délibération précise et efficace en dehors des affaires commerciales. Elle ne permet aucune action politique; par conséquent elle rend impossible toute délibération sur un objet positif. Dès qu'on discute une résolution, le débat se circonscrit et se discipline de lui-même ; il est dirigé en vue du but à atteindre. Si l'on pouvait dans les réunions publiques, faire de la politique sérieuse, on aurait moins de loisir pour déclamer contre Dieu et la propriété.

La France n'est pas le seul pays où la question sociale soit posée. Pourquoi ni la Suisse ni l'Angleterre n'ont-elles vu se produire avec fréquence les scènes dont nous avons été les témoins? Cette différence vient de ce que nous avons eu le privilége d'une loi contradictoire, qui empêche les débats politiques et pousse aux discussions abstraites. Le résultat était facile à prévoir pour ceux qui connaissent l'esprit français, toujours si amoureux des idées générales et si disposé à replacer le pays et le monde par la même occasion sur des bases nouvelles. Irritées de ne pouvoir aboutir à rien dans le domaine de la vie civile, les réunions publiques ont voulu se rattraper par le dévergondage des théories. On est toujours tenté de jeter son bonnet par-dessus le moulin quand on n'a rien à voir à sa marche, et que la meule tourne toute seule sans qu'on s'en mêle. Ce n'est donc pas ceux qui ont proposé la loi de réunion de juin 1868 avec toutes ses restrictions qui sont autorisés à crier bien haut contre les excentricités dont elle a été l'occasion, car ils en sont en partie responsables.

Restant encore sur le terrain purement légal, je reproche à l'administration d'avoir toléré pendant plus de six mois que la loi fût ouvertement violée. Bonne ou mauvaise, elle était la loi ; si ses défauts l'empêchaient d'être exécutée à peine promulguée, il fallait en demander la révision dans les formes constitutionnelles. Mais on la trouvait excellente ; je n'en veux d'autre preuve que la circulaire de M. le ministre de l'intérieur, du 16 février 1869, qui en donne une interprétation irréfutable et qui déclare qu'elle a été violée incessamment depuis de longs mois. Il est absurde de prétendre, comme le fait la brochure, que le gouvernement a voulu user de longanimité et laisser aux citoyens le temps de se rendre compte du vrai sens de la loi. Que l'autorité n'eût pas donné d'avertissement pendant une semaine ou deux, cela se conçoit à la rigueur, mais laisser pendant plus de six mois toutes les tribunes des réunions publiques retentir de discussions violentes qui étaient contraires à la loi, en présence des agents du pouvoir civil tenus légalement de

prévenir le bureau avant qu'il se fourvoyât, voilà
ce qui ne s'explique ni par la longanimité, ni par
cet ardent amour de la liberté qui dévore, comme
chacun le sait, le ministère de l'intérieur. Il est certain que l'on a ainsi laissé se former une espèce de
jurisprudence des réunions publiques, propre à
abuser leurs principaux orateurs sur leurs droits ;
cette longanimité très-habile a beaucoup contribué
à y développer une effervescence qui se donnait
d'autant plus carrière qu'elle croyait être sans
péril. Soudain le pouvoir s'aperçoit que la loi est
violée à sa barbe et sous son œil vigilant. Les
réunions sont fermées tous les soirs ; les orateurs
auxquels on a laissé prendre l'habitude des
digressions politiques et religieuses sont assi-
gnés devant le juge d'instruction, puis condamnés.
Les faits d'aujourd'hui ne sont pas plus graves
que ceux d'hier : d'où vient donc ce changement
d'allure? Ce n'est pas l'amour scrupuleux de la
légalité, car il eût commandé d'agir hier aussi
bien qu'aujourd'hui. La loi n'a pas deux poids et
deux mesures selon les circonstances. Les esprits
soupçonneux ne peuvent-ils pas supposer que
l'on a trouvé un grand intérêt à faire provision de
ce que nous avons appelé des chiffons rouges,

de ces paroles violentes, insensées, capables d'évoquer devant les comices le fantôme utile de la terreur et de la démagogie partageuse ?

Plus d'une fois déjà dans notre histoire on a vu des clubs tapageurs se transformer sans le vouloir en agents électoraux de première force, et hurler gratis au profit de la réaction. Le procès verbal des réunions publiques tenu avec tant de régularité par le journal de MM. de Cassagnac père et fils, la brochure qui nous sert en fragments lesdits procès-verbaux, les mouvements oratoires de certains défenseurs de l'ordre à court de péroraisons, tout prouve que nous ne nous trompons pas. Mais alors que devient le respect de la loi ? Est-elle faite pour se prêter aux calculs changeants de la politique, pour être tour à tour sévère ou détendue comme un frein de locomotive ? La fameuse brochure a près de cent pages de citations. Elle aurait pu en contenir vingt comme deux cents, car tout dépendait de ceux qui ont mis le sinet au bon endroit, quand ils ont trouvé qu'on leur avait fourni assez de copie compromettante. Il n'est pas un jury dans le monde qui n'acquittât les orateurs mis en cause, par la raison que ceux-ci n'ont pu changer le ton de leurs discours d'un soir à l'autre et qu'ils étaient induits à croire de bonne foi qu'ils ne couraient aucun danger, alors que depuis plusieurs mois ils tenaient sans entraves le même langage devant les commissaires sténographes.

V

Le défenseur de la politique de réaction nous semble avoir fait une fausse manœuvre en se présentant devant le juge électoral tout bourré de déclamations athées et communistes ramassées dans les réunions publiques. Il nous fait un peu l'effet de cet avocat qui s'était trompé de dossier au moment de plaider et avait pris celui de son adversaire. En quoi donc les manifestations dont on fait tant de fracas militent-elles en faveur du système que l'on préconise? On nous avait dit que ce système auquel la France avait fait le sacrifice de ses droits les plus précieux, raffermirait sur ses bases une société ébranlée, qu'il rétablirait l'ordre dans les esprits, conjurerait à jamais le socialisme. Et voici que lorsque l'esprit qui couve dans les masses ouvrières trouve une issue pour s'échapper, il est plus disposé à se laisser prendre aux folles utopies qu'au lendemain de l'émeute, plus enfiévré de communisme que lorsque les pavés étaient encore entassés sur les barricades. A quoi la politique de réaction a-t-elle servi, si nous en sommes là, de l'aveu même de ceux qui réclament notre aveugle adhésion? Si les garanties de l'ordre sont des casernes placées aux quatre coins d'une ville et de larges voies ménagées aux charges de cavalerie, nous avons fait de sensibles progrès, depuis que Paris n'est plus qu'un immense boulevard. Mais si l'ordre durable est avant tout moral, nous avons reculé, j'en atteste le document mis sous nos yeux. Pour qui sait le lire avec intelligence, il revient à une confession générale faite par la politique de réaction. Cette humilité est touchante au moment où la nation va rendre son verdict. « J'avais promis, semble dire cette politique plus ou moins abandonnée par le chef de l'Etat, comme nous l'avons dit déjà, j'avais promis l'apaisement des passions antisociales par la satisfaction de toutes les aspirations légitimes des classes ouvrières, et par la répression de leurs aspirations dangereuses. Voilà ce que j'ai voulu faire.

Voyez ce qui est advenu de ce grand dessein. Entendez ces paroles de colère et de démence dont je vous apporte moi-même l'écho. » Le pays trouvera peut-être qu'il a payé un peu cher un salut si problématique.

VI

Comment en eût-il été autrement ? D'où serait venue la lumière à notre peuple ? Nul moyen de le rejoindre n'était laissé aux amis de la vraie liberté, qui seuls peuvent le préserver ou le guérir du socialisme. Nous avons eu des années obscures et silencieuses, où un bâillon a été mis sur les lèvres qui ne récitaient pas la leçon officielle. Nous reconnaissons qu'un certain élan a été imprimé à l'instruction primaire et aux cours d'adultes, et nous en exprimons notre gratitude au gouvernement. Mais il n'en demeure pas moins que jusqu'à ces derniers temps l'enseignement libre se heurtait à des difficultés innombrables, que les hommes qui étaient le mieux faits pour trouver la fibre populaire et combattre victorieusement les erreurs communistes, ont été constamment mis à l'interdit. Il a fallu le mouvement qui a suivi la lettre du 19 janvier 1869, pour que des hommes comme MM. Saint-Marc Girardin, Jules Simon, Jules Favre et Cochin, aient pu faire entendre leur voix devant le peuple de Paris. On se plaint de ce qu'une partie de ce peuple professe parfois de vraies monstruosités en fait d'économie politique; mais ceux-là sont mal venus à se plaindre qui, il y a quelques années, refusaient résolûment à un homme aussi distingué par l'esprit et le caractère que M. Edmond de Guerle, de faire un cours d'économie politique au faubourg Saint-Antoine, dans une institution toute populaire. Ce fait n'est pas isolé; il se rattache à tout un système étroit et absurde qui veut que la vérité dans tous les domaines soit une manne administrative et que tout enseignement ait l'estampille.

Que l'administration s'en prenne à elle-même des beaux résultats de ses pratiques, et qu'elle cesse de les produire comme des titres à notre confiance! Qu'elle sache bien que non-seulement elle désarme la vérité et la dépouille de sa vertu persuasive, en voulant qu'elle porte toujours ses couleurs, mais qu'elle accroît singulièrement le crédit des pires erreurs en les persécutant. Pour moi, je gémis de voir des opinions citées en justice, et des idées quelque insensées qu'elles soient poursuivies comme des délits. Je ne prends pas mon parti de voir nos procureurs requérir en faveur de l'idée de Dieu, ou bien, dans un ordre inférieur, en faveur de l'idée de la famille et de la propriété. Il n'y a pas de plus sûr moyen de les discréditer et de recommander les pires folies qui, livrées à elles-mêmes, succomberaient promptement. Pour peu qu'on ait quelque générosité au cœur, les armes tombent des mains quand on est en face d'adversaires plus ou moins liés. Ce beau système de compression a empêché dans le passé les saines lumières de se répandre, et il entravera désormais la discussion énergique des erreurs que l'on poursuit judiciairement et qui puiseront dans la persécution la seule force qui les rend redoutables. Il n'y a pas là de quoi beaucoup se vanter.

VII

Le plus populaire des enseignements est celui de l'histoire contemporaine, parce qu'il atteint tout un pays. S'il avait été bienfaisant, il eût compensé toutes les leçons qui ont fait défaut, car c'est le cours d'adultes le plus universel et le plus éloquent; or, quel est l'enseignement qui est le plus nécessaire à une population plus ou moins inclinée au communisme? Il est évident que ce qu'elle a besoin d'apprendre avant tout, c'est le respect inviolable de la liberté. L'erreur fondamentale du communisme, son vice originel, c'est précisément d'attendre la réforme sociale de l'Etat, ou du moins de subordonner l'individu à l'association, de telle sorte qu'il ne s'appartienne plus vraiment et ne dispose plus du fruit de son travail. Toute atteinte réelle à la propriété est une atteinte à la liberté elle-même, car si l'individu ne dispose pas du fruit de son travail, sous la réserve de ce qu'il doit à la communauté pour les avantages qu'elle lui procure et la protection qu'elle lui accorde, il perd toute indépendance réelle. On peut aller très-loin dans la revendication des réformes sociales et dans l'extension du principe de l'association, lequel est appelé probablement à renouveler sans les détruire les rapports du travail et du capital. Tant que l'on admet sérieusement la liberté, on n'est pas socialiste au sens ordinaire et historique du mot. Or, ce qui a caractérisé essentiellement le nouveau socialisme qui s'est exhibé récemment, c'est précisément la négation de la liberté, soit dans la reconstruction de la propriété, soit dans la constitution de la société, dans l'éducation et l'instruction. L'école proudhonienne a bien fait quelques résistances; néanmoins ses adhérents en général n'ont guère montré plus de tolérance que les autres socialistes. Ce qui a dominé dans les réunions publiques, c'est bien décidément le socialisme autoritaire, celui qui ne veut la liberté ni dans les moyens employés, ni dans le but poursuivi. Or, je le demande, est-il très-étonnant qu'à l'école de l'histoire contemporaine il se soit confirmé dans ses principes?

Cette histoire à bien des égards n'a-t-elle pas été signalée par le mépris du droit et de la liberté? Nous avons parmi nous une école qu'on peut appeler l'école du 18 Brumaire, qui professe hautement que tout est permis pour fonder un pouvoir protecteur et sauveur, qu'il faut avoir un esprit mesquin pour s'arrêter dans cette grande entreprise à ces bagatelles qui s'appellent les lois et les constitutions, et que devant ces dictatures providentielles toutes les libertés doivent s'effacer. Cette école ne conçoit pas la foi sans les œuvres, et ce qu'elle croit elle le pratique. Elle a pour bien éduquer le pays dans ces principes ces fameux sous-maîtres qui atten-dent sous l'uniforme d'échanger le sabre contre la férule dans la retraite studieuse que leur pro-mettent à l'envi le ministre de la guerre et le ministre de l'instruction publique; pour le moment ils sont tout prêts à faire la leçon en douze temps aux intelligences paresseuses qui ne savent pas s'élever à ces hauteurs. L'école du 18 Brumaire ne diffère de la démocratie autori-taire que sur le régime à établir, mais elle est parfaitement d'accord avec elle pour dédaigner la liberté et le droit éternel.

Elle professe comme elle et sans ambages la souveraineté du but. Et l'on s'étonne qu'après avoir vu ses hauts faits, et entendu prôner par les voix les plus autorisées les triomphes de la force heureuse, bon nombre d'esprits se soient laissé prendre à ces théories, se bornant à en varier quelque peu l'application? Je n'hésite pas à affirmer que si le mauvais socialisme se berce plus que jamais de l'illusion d'un succès rapide par la violence, cela tient en grande partie aux scandaleuses apologies que le pays a entendues des mesures de salut public. Quand on voit des publicistes oser comparer à l'étoile de Bethléhem le jour néfaste où la statue de la loi est voilée et la liberté foulée aux pieds, on n'a pas le droit de s'indigner des paroles les plus passionnées prononcées dans telle ou telle réunion publique, car la démocratie autoritaire n'est que du césarisme retourné, comme je l'ai déclaré dans une interruption que la brochure se garde bien de reproduire. Je dirai aux journaux qui comme le *Pays* ont tour à tour glorifié les mesures de salut public et conspué la démocratie autoritaire : « Vous avez voulu, vous et vos pareils, en exhibant les plus tristes scènes des clubs, promener comme à Sparte l'Ilote ivre devant la France épouvantée afin de la dégoûter de ces folies; mais il ne fallait pas l'encourager à vider amphore sur amphore, sans l'arrêter ni l'avertir. Il ne fallait pas surtout lui verser vous-mêmes le vin qui lui est monté au cerveau, ce vin empoisonné dont vous vous êtes tout les premiers enivrés, vous les insulteurs du droit inviolable.

Comment s'étonner de voir dans les clubs op-

poser classe à classe, quand une brochure récente, et qui est venue seconder celle sur les réunions publiques, oppose la solidarité du salaire
à la solidarité *oppressive* des capitaux? Comment
s'étonner de voir les souvenirs de 1793 invo-
qués avec prédilection, quand nous lisons dans
la même brochure ces mots significatifs : « L'esprit féodal se redressa avec le parti des Giron-
dins, en présence de la Montagne (1). » On ne
saurait plus ouvertement faire appel à la passion
démagogique contre l'esprit de liberté.

Nous venons de toucher au point le plus triste,
le plus sérieux de cette discussion. Le socialisme
autoritaire se développe dans notre milieu social
comme une plante dans l'atmosphère qui lui
convient. Les causes de la situation actuelle sont
donc bien autrement graves que l'excitation d'un
moment et que l'emportement de quelques con-
voitises impatientes. Tant que nous n'en serons
pas revenus à raffermir les bases morales de notre
société, à proclamer hautement que le mal ne
cesse pas d'être le mal quand il réussit, que le
moyen doit partout et toujours être digne du but,

(1) *Lettre à un électeur par un ancien constituant.* Paris, Dentu,
1869. P. 21-26.

nous serons les complices des pires désordres intellectuels de la démagogie et nous aurons beau nous indigner et nous épouvanter des applications qu'elle fera de la fameuse théorie du salut public, ce n'en sera pas moins notre principe qui sera dirigé contre nous. « Il n'y a qu'à retourner la batterie » disait un orateur des clubs. — Mot profond qui résume toutes nos réflexions. — Que les hommes d'ordre et de religion se disent bien qu'ils autorisent tous les désordres et toutes les irréligions quand ils méconnaissent le caractère absolu de l'ordre moral. Ceux qui prétendent croire à la justice éternelle sont les gardiens naturels du feu sacré ; s'ils l'éteignent de leurs mains, qui donc le rallumera ? Qu'ils sachent qu'ils répondront devant Dieu de l'athéisme qu'ils auront provoqué, que dis-je, qu'ils auront enseigné, car nier la justice et le droit, c'est nier Dieu même !

VIII

Notre conclusion s'impose d'elle-même : on a voulu tirer parti contre la liberté de ce qui s'est passé dans les réunions publiques tenues à Paris depuis la promulgation de la loi sur le droit de réunion. Nous avons prouvé qu'il n'est pas une seule des raisons alléguées qui soit valable, et que bien au contraire la seule conséquence à tirer des faits qu'on nous oppose, c'est qu'il faut nous hâter de profiter de l'occasion qui nous est offerte de battre en brèche la politique de réaction.

Le caractère violent des discussions des réunions publiques tient en bonne partie aux imperfections d'une loi boiteuse. Electeurs, envoyez des législateurs qui ne fassent pas des lois de circonstance, mais qui se laissent guider par des principes. Les agents du gouvernement ont toléré longtemps le déchaînement des idées folles dans une pensée facile à saisir. Electeurs, envoyez des mandataires qui surveillent d'un œil jaloux l'exécution des lois et ne se résignent pas à ce qu'on en suspende l'exécution par calcul, ce qui est le plus sûr moyen d'affaiblir le respect qui leur est dû. Les débats tumultueux dont on fait mousser l'écume devant nous pour nous donner une crainte salutaire révèlent combien l'ignorance et les préjugés funestes règnent encore dans nos classes ouvrières.

Electeurs, nommez de vrais amis de l'instruction populaire qui ne permettent pas qu'on mette des robinets à la source pour la distribuer au gré de l'administration et qu'on impose silence aux voix les mieux faites pour parler aux multitudes le langage de la raison. L'état mental d'une partie de notre population montre que l'administration qui a voulu se charger toute seule du salut du pays n'a point conjuré le désordre des esprits, qui est le pire de tous et qui n'est point compensé par des rues tirées au cordeau. Electeurs, envoyez des hommes de cœur qui ne se déchargeront sûr personne du devoir de veiller à la chose publique. Sauvez-nous des prétendus sauveurs qui nous soulagent de vos devoirs civiques. Enfin le cri d'alarme dont on assourdit vos oreilles n'est pas sans motif. Oui, le socialisme règne encore dans notre pays ; il n'a point abjuré ses chimères. Si jamais il saisissait le gouvernement dans une nuit de tempête, ce serait pour nous ramener à la barbarie par la tyrannie. Mais ne l'oubliez pas, le socialisme, c'est encore la dictature, et il hait par-dessus tout la liberté. Electeurs, voulez-vous conjurer ce péril ? usez virilement, énergiquement de votre pouvoir. Consacrez la liberté par votre vote. Cherchez des hommes fiers, indépendants, qui ne subissent d'autre pression que celle de leur conscience et qui aient devant les yeux, non le sourire et les faveurs du pouvoir, mais la grande image de la patrie qui attend de nous tous un vaillant effort pour être replacée à son rang de pouvoir, d'honneur, d'élévation morale.

C'est ainsi que cette question spéciale nous amène à la même conclusion que toutes les questions de la politique intérieure et extérieure. Vous plaît-il, vous disent les hommes qui s'occupent surtout de finances, qu'on vous engage, sans vous prévenir, pour des centaines de millions, vous offrant ensuite la carte à payer, avec la seule satisfaction de constater que le compte est mal fait, inexact, onéreux, comme on l'a fait dans les affaires de la ville de Paris? Vous plaît-il, vous disent les citoyens jaloux de la grandeur du pays dans le monde, de voir préparer à votre insu de savantes combinaisons de politique étrangère qui ont pour résultat la formation à vos portes, non pas d'une Allemagne unie par la liberté, mais d'une puissance compacte, formidable, jalouse, constituée par la conquête, armée jusqu'aux dents, et nous imposant la charge d'une armée de 900,000 hommes, pour avoir le plaisir de reconnaître qu'elle a obtenu, selon un vœu célèbre, une configuration meilleure sur la carte de l'Europe? Vous plaît-il d'être dans une incertitude complète sur les plus grands intérêts de la politique, et de vous demander tous les matins quelle est l'affaire qui est en train de chauffer, l'aventure qui est en train de se préparer? Vous plaît-il, à l'intérieur, de retrouver la même indécision dans la direction générale, les libertés à moitié données puis reprises en détail, la compression fantasque comme le caprice? Vous plaît-il de sentir le pays s'énerver à ce régime contradictoire, flottant et lourd? Vous trouvez-vous suffisamment consolés par des apologies sonores dont on ne peut plus supporter l'irritant ennui, où par la description de la toilette de telle ou telle baladine de cour? Vous plaît-il de suivre l'ancien constituant, qui vient de vous écrire une lettre anonyme, au ridicule Capitole où il monte triomphalement pour déclarer que tout a été admirable dans la politique suivie ces dernières années, y compris le Mexique, « grande pensée méconnue, » tandis que le gouvernement du pays, par lui-même, n'a jamais été qu'une lâche concession à la perfide Albion après la défaite? Si cela ne vous plaît pas, montrez votre opinion au scrutin ; car, sans sortir des voies constitutionnelles, la France saura bien faire comprendre et exécuter ce qu'elle veut. Si elle se réveille, rien ne l'empêchera de vouloir et d'agir; on aura beau découper et morceler ses circonscriptions électorales, faire briller dans un vague lointain l'appât des chemins de fer ou des chemins vicinaux, des maisons d'école et des presbytères, user de ces procédés qui sont la corruption en grand, et qui ne deviennent pas meilleurs pour être avoués, non sans effronterie, par les députés qui s'en servent, on n'arrêtera pas plus le mouvement de son cœur généreux qu'on n'arrête une des grandes palpitations de l'Océan. Puissions-nous assister à ce réveil du pays, puissions-nous y apporter chacun notre concours, quelque minime qu'il soit, en montrant que le retour à la liberté est la conclusion logique de toutes les questions, petites et grandes, qui se posent devant nous, comme nous avons essayé de le prouver par celle des réunions publiques!

Paris. Typ. de Ch. Meyrueis, 13, rue Cujas. 1869.